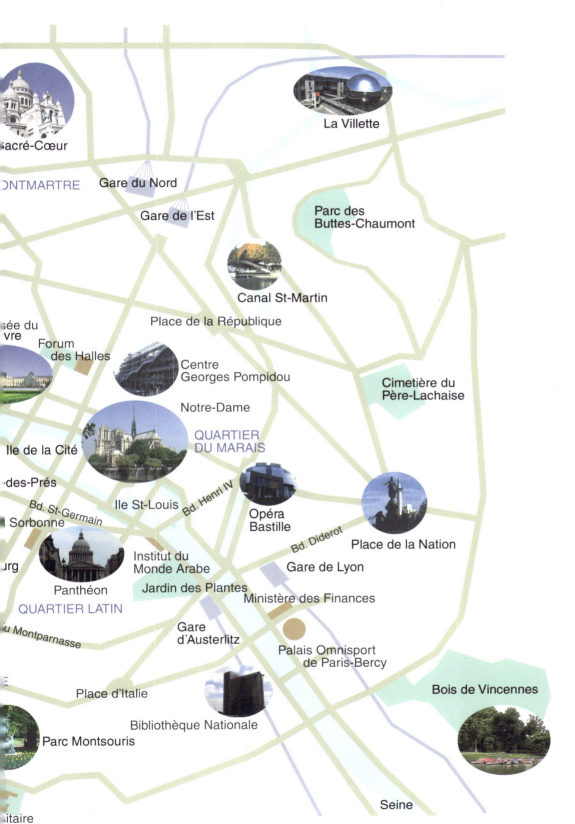

Nouvelle
GRAMMAIRE FRANÇAISE DE BASE

新・フランス語文法の〈基礎〉

Kohichi OHTA / Tamotsu MAEDA / Jin WATANABE

SURUGADAI-SHUPPANSHA

音声について

本書の音声は，下記サイトより無料でダウンロード，およびストリーミングでお聴きいただけます．

https://stream.e-surugadai.com/books/isbn978-4-411-00775-9/

＊ご注意

- PC からでも，iPhone や Android のスマートフォンからでも音声を再生いただけます．
- 音声は何度でもダウンロード・再生いただくことができます．
- 当音声ファイルのデータにかかる著作権・その他の権利は駿河台出版社に帰属します．無断での複製・公衆送信・転載は禁止されています．

はしがき

　本書は入門者用の文法書として，長年にわたって多くの方々よりご支持をいただいてまいりました『フランス語文法の〈基礎〉』の全面改訂版です．

　1994年の初版刊行以来，版を改めるたびに部分的な改訂作業を行ってまいりましたが，教育の現場に身を置く者の目から見ると，まだまだ改善の余地があり，このたび全面的な改訂に踏みきることにいたしました．

　本書は，何よりも，フランス語の初習者が限られた時間の中で無理なく学習内容を消化し，文法のアウトラインを確実に把握できることを目指しています．その特色は以下のとおりです．

- 各課は練習問題を含めて見開き2ページからなり，全22課です．
- 使用単語は厳選し，使用頻度の高い基本的な語に限りました．
- 例文も自然で平易なものを心がけました．
- 動詞は接続法現在までをとりあげ，一方，活用表は簡略化し，覚えやすくしてあります．
- 発音はスムーズに身につくよう，特に配慮しました．
- 練習問題は数を絞り，辞書を活用して無理なく解けるものにしました．
- Appendice を設け，学習に適宜利用できるようにしてあります．

　旧版同様，本書が学習者にとって「学びやすく」，教える側には「教えやすい」教本たりえていることを，著者一同心より念じております．ご使用いただいた先生方より，忌憚のないご意見，ご感想を賜ることができましたら幸いです．

　　2015年　仲秋

著　者

目　次

フランス語の音 5
フランス語の文字 6

Leçon 1. 8
    1. 名詞の性と数
    2. 冠詞（1）

Leçon 2. 10
    3. 人称代名詞（1）：主語
    4. 動詞 être の活用（直説法現在）

Leçon 3. 12
    5. 動詞 avoir の活用（直説法現在）
    6. 否定形　　　　　　　　　　　　　□ il y a

Leçon 4. 14
    7. 冠詞（2）
    8. 形容詞　　　　　　　　　　　　　□ 基数（Ⅰ）

Leçon 5. 16
    9. 第 1 群規則動詞（-er 型動詞）の活用（直説法現在）
    10. 疑問形　　　　　　　　　　　　　□ Oui, Non, Si

Leçon 6. 18
    11. 指示形容詞
    12. 所有形容詞　　　　　　　　　　　□ 基数（Ⅱ）

Leçon 7. 20
    13. 動詞 aller と venir の活用（直説法現在）
    14. 前置詞 à, de と定冠詞の縮約　　　□ 国名

Leçon 8. 22
    15. 近接未来と近接過去
    16. 非人称表現　　　　　　　　　　　□ 曜日

発音のまとめ 24
    Ⅰ．綴り字の読み方
    Ⅱ．母音ではじまる語に関する規則

Leçon 9 28
 17. 第2群規則動詞（-ir 型動詞）の活用（直説法現在）
 18. 命令法   □ 四季・月

Leçon 10 30
 19. 疑問形容詞
 20. 疑問代名詞   □ 疑問副詞

Leçon 11 32
 21. 人称代名詞（2）：目的語，強勢形

Leçon 12 34
 22. 代名動詞（直説法現在）

Leçon 13 36
 23.（直説法）複合過去 I

Leçon 14 38
 24.（直説法）複合過去 II

Leçon 15 40
 25.（直説法）半過去

Leçon 16 42
 26. 比較級と最上級   □ 不定詞を伴う動詞

Leçon 17 44
 27.（直説法）単純未来   □ 否定表現

Leçon 18 46
 28. 中性代名詞   □ 数量表現

Leçon 19 48
 29. 関係代名詞   □ 序数

Leçon 20 50
 30. 受動態
 31. 現在分詞
 32. ジェロンディフ（gérondif）

Leçon 21 52
 33. 条件法

Leçon 22 54
 34. 接続法

Appendice 57

主要動詞の直説法現在形 67

フランス語の音

🎧 1. 母音 voyelles
02

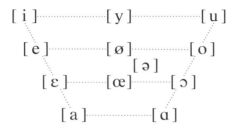

◇ 音声教材では左側，右側，中央の順で，それぞれ上から下へ発音される．

🎧 2. 鼻母音 voyelles nasales
03

[ɛ̃]　[œ̃]　[ɔ̃]　[ɑ̃]

3. 半母音 semi-voyelles

[j]　[ɥ]　[w]
([i])　([y])　([u])

🎧 4. 子音 consonnes
04

[p] [t] [k]　[f] [s] [ʃ]　　[m] [n] [ɲ]　[l] [r]
[b] [d] [g]　[v] [z] [ʒ]

フランス語の文字

1. アルファベ (alphabet)
05

A	a	[ɑ]	N	n	[ɛn]
B	b	[be]	O	o	[o]
C	c	[se]	P	p	[pe]
D	d	[de]	Q	q	[ky]
E	e	[ə]	R	r	[ɛːr]
F	f	[ɛf]	S	s	[ɛs]
G	g	[ʒe]	T	t	[te]
H	h	[aʃ]	U	u	[y]
I	i	[i]	V	v	[ve]
J	j	[ʒi]	W	w	[dubləve]
K	k	[kɑ]	X	x	[iks]
L	l	[ɛl]	Y	y	[igrɛk]
M	m	[ɛm]	Z	z	[zɛd]

◇ 以上のほかに合字 œ がある．
◇ 筆記体 ☞ p. 63

2. 綴り字記号

´	アクサン・テギュ (accent aigu)	é
`	アクサン・グラーヴ (accent grave)	à è ù
^	アクサン・シルコンフレックス (accent circonflexe)	â ê î ô û
¨	トレマ (tréma)	ë ï ü
¸	セディーユ (cédille)	ç
'	アポストロフ (apostrophe)	l'ami
-	トレ・デュニヨン (trait d'union)	après-midi

01 Leçon 1

🎧 1. 名詞の性と数
07

すべての名詞には文法上**男性・女性**の性の区別がある．

| 男性名詞 | livre | cahier | homme | père |
| 女性名詞 | chaise | école | femme | mère |

複数形は一般に単数形の語尾に **s** をつける．（この s は発音しない）

  livre → livre*s*   chaise → chaise*s*

🎧 2. 冠詞 (1)
08

1) 不定冠詞

一般に，不特定のものを示す名詞の前につく．

	単数	複数
男性	un	des
女性	une	

un livre *des* livres
une chaise *des* chaises

2) 定冠詞

一般に，特定化されたものを示す名詞の前につく．

	単数	複数
男性	le (l')	les
女性	la (l')	

le livre *les* livres
la chaise *les* chaises
*l'*école

◇ エリジヨン ☞ p. 27

🎧 ● voici と voilà
09

Voici un livre. *Voilà* la mère de Pierre.
Deux billets, s'il vous plaît. — *Voilà*, Madame.

綴り字の読み方 I

ai, ei [ɛ]	ch**ai**se [ʃɛːz]	**Ei**ffel [ɛfɛl]
oi [wa]	v**oi**là [vwala]	t**oi**t [twa]

● Exercices ●
---

1. 次の名詞に不定冠詞をつけなさい．
   1) maison   2) stylos   3) chat   4) voiture

2. 次の名詞に定冠詞をつけなさい．
   1) garçon   2) porte   3) tables   4) appartement

3. 次の文を日本語にしなさい．
   1) Voici Monsieur Eiffel.
   2) Voilà le sac de Sophie.
   3) L'addition, s'il vous plaît. — Voilà, Madame.

4. 次の文をフランス語にしなさい．
   1) ここに少年たちがいます．
   2) あれはピエールの車です．

la tour Eiffel

Leçon 2

🎧 3. 人称代名詞 (1)：主語

		単数	複数
1人称		je (j')	nous
2人称		tu [vous]	vous
3人称	男性	il	ils
	女性	elle	elles

◇ tu は親しい相手に使う．そうでない場合は，相手が一人でも vous を使う．
◇ 3人称の人称代名詞は物をうけることもある．

🎧 4. 動詞 être の活用（直説法現在）

être（☞ 主要動詞の直説法現在形 ①）

je suis	nous sommes
tu es	vous‿êtes
il‿est	ils sont
elle‿est	elles sont

◇ リエゾン（‿）とアンシェヌマン（⌢）☞ p. 27

Je *suis* étudiant.   Marie *est* étudiante.
Ils *sont* à Paris.   Vous‿*êtes* professeur ?

🎧 ● c'est と ce sont

C'est‿un stylo.   *C'est*‿une⌢auto.
Ce sont les parents de Jacques.

綴り字の読み方 II

au, eau	[o]	**au**to	[oto]	bat**eau**	[bato]
ou	[u]	v**ou**s	[vu]	j**ou**rnal	[ʒurnal]
y	[i]	st**y**lo	[stilo]	t**y**pe	[tip]

● **Exercices** ●
---

1. 各文の主語を指示に従って変え，全文を書き改めなさい．

    1) Vous êtes étudiant.　　　　（彼）
    2) Je suis journaliste.　　　　（彼ら）
    3) Tu es à Tokyo ?　　　　（彼女）
    4) Elles sont dans la classe.　　（私たち）

2. 次の文を日本語にしなさい．

    1) C'est un chanteur.
    2) Ce sont les chapeaux* de Marie.　　　　＊名詞の特殊な複数形 ☞ p. 58
    3) Nous sommes devant l'église.

3. 次の文をフランス語にしなさい．

    1) 彼女はパリにいます．
    2) これはジャックの自転車 (vélo) です．

Notre-Dame de Paris

Leçon 3

5. 動詞 avoir の活用 (直説法現在)

avoir (☞ ②)

j'	ai	nous‿avons	
tu	as	vous‿avez	
il	a	ils‿ont	
elle	a	elles‿ont	

J'ai un frère.
Madame Martin a deux‿enfants.
Vous‿avez des sœurs ?
Hélène, tu as un chien ?

6. 否定形

一般に動詞を **ne (n')** ～ **pas** ではさむ.

動詞 être の否定形

je	*ne*	suis	*pas*	nous	*ne*	sommes	*pas*
tu	*n'*	es	*pas*	vous	*n'*	êtes	*pas*
il	*n'*	est	*pas*	ils	*ne*	sont	*pas*

Je *ne* suis *pas* professeur.   Elle *n'*est *pas* étudiante.
Ce *n'*est *pas* un crayon.   Ce *ne* sont *pas* des‿oranges.

動詞 avoir の否定形

je	*n'*	ai	*pas*	nous	*n'*	avons	*pas*
tu	*n'*	as	*pas*	vous	*n'*	avez	*pas*
il	*n'*	a	*pas*	ils	*n'*	ont	*pas*

◇ 直接目的語につく不定冠詞は否定文で **de (d')** になる.

J'ai un frère.   → Je n'ai pas *de* frère.
Il‿a des cravates.   → Il n'a pas *de* cravates.

綴り字の読み方 III

é	[e]	**é**cole	[ekɔl]	**é**tudiant	[etydjɑ̃]
è, ê	[ɛ]	p**è**re	[pɛːr]	**ê**tre	[ɛːtr]
h	[-]	**h**omme	[ɔm]	**h**éros	[ero] (☞ p. 27)

● **Exercices** ●
---

1. 各文の主語を指示に従って変え，全文を書き改めなさい．

    1) Vous avez une moto.　　　（私）

    2) Nous avons un chat.　　　（彼女たち）

    3) Elle a des robes.　　　（君）

    4) Ils ont une sœur.　　　（彼）

2. 次の文を否定文にしなさい．

    1) Ils sont musiciens.

    2) J'ai une montre.

    3) C'est un acteur.

    4) Vous avez des enfants.

3. 次の文をフランス語にしなさい．

    1) あなたは犬を飼っていますか？

    2) エレーヌには兄弟がいない．

---

il y a

Il ⌒y⌒a un vase sur la table.　　*Il ⌒y⌒a* des‿arbres dans le jardin.

cf. Il n'y⌒a pas **de** taxis devant la gare.

Leçon 4

🎧 7. 冠詞 (2)
19

部分冠詞

数えられないものを示す名詞の前につき,「ある量」をあらわす.

男性	du	(de l')
女性	de la	(de l')

du pain   *de l'* argent
de la viande   *de l'* ambition

◇ du, de la はどちらも母音（または無音の h）ではじまる語の前で **de l'** になる.
◇ 直接目的語につく部分冠詞は否定文で **de (d')** になる．(☞ p. 12 否定形)
  Il‿a de l'argent. → Il n'a pas *d'*argent.

🎧 8. 形容詞
20

1) 形容詞は，関係する名詞・代名詞と性・数が一致する．

	単数	複数
男性	grand	grands
女性	grande	grandes

[grɑ̃]
[grɑ̃d]

  Marie est grand*e*.   Pierre et Jean sont grand*s*.
  ◇ 特殊な女性形・複数形 ☞ p. 58

2) 名詞につくときは，一般に，その名詞のうしろに置かれる．
  un chat *noir*   des‿étudiantes *françaises*

次のような，日常よく使われる短い形容詞は，ふつう，名詞の前に置かれる．
grand, petit, bon, mauvais, joli, jeune, *etc.*
  une *petite* chambre   un *bon* gâteau

◇ 複数名詞の前に形容詞が置かれる場合，不定冠詞 des は **de (d')** になる．
  des filles → *de* jolies filles

綴り字の読み方 IV					
eu, œu	[ø, œ]	bl**eu**	[blø]	s**œu**r	[sœːr]
in, im	[ɛ̃]	Mart**in**	[martɛ̃]	s**im**ple	[sɛ̃pl]
ien	[jɛ̃]	ch**ien**	[ʃjɛ̃]	b**ien**	[bjɛ̃]

──────────── ● **Exercices** ● ────────────

1. 次の名詞に部分冠詞をつけなさい．

    1) café   2) amour   3) confiture

    4) poisson   5) courage   6) eau

2. （ ）内の形容詞を文中に入れ，各文を完成させなさい．

    1) Elle a des pantalons.   (bleu)

    2) J'ai une maison.   (petit)

    3) Voici des étudiantes.   (japonais)

    4) Il y a des restaurants à Paris.   (bon)

3. 次の文をフランス語にしなさい．

    1) 彼女たちは背が高い．

    2) 冷蔵庫に (dans le frigo) 肉が入っています．

基　数（I）				
1 un (une)	2 deux	3 trois	4 quatre	5 cinq
6 six	7 sept	8 huit	9 neuf	10 dix

05 Leçon 5

🎧 9. 第1群規則動詞 (-er 型動詞) の活用（直説法現在）
23

parler (☞ ③)

je parle	nous parlons
tu parles	vous parlez
il parle	ils parlent

◇ 活用語尾で発音されるのは -ons [ɔ̃], -ez [e] のみで，それ以外は発音されない．

aimer

j' aime	nous‿aimons
tu aimes	vous‿aimez
il‿aime	ils‿aiment

🎧 10. 疑問形
24

1) イントネーションによる．

   Vous parlez français ? (↗)

2) **Est-ce que (qu')** を文頭につける．

   Est-ce que vous parlez français ?

   *Est-ce qu'*il ne parle pas français ?

3) 倒置による．

   a. 主語が代名詞の場合

   Parlez-vous français ?

   Parle-t-il français ?

   ◇ -er 型動詞や avoir などでは，主語が3人称単数の場合，**-t-** を補う．
   A-t-elle des sœurs ?

   b. 主語が名詞の場合

   Mariko parle-t-elle français ?

   Les magasins sont-ils ouverts ?

綴り字の読み方 V

u	[y]	d**u**	[dy]	b**u**reau	[byro]
en, em	[ɑ̃]	par**en**ts	[parɑ̃]	**en**s**em**ble	[ɑ̃sɑ̃:bl]
un, um	[œ̃]	**un**	[œ̃]	parf**um**	[parfœ̃]

● **Exercices** ●

---

1. 各文の主語を指示に従って変え，全文を書き改めなさい．

　　1) Tu parles japonais.　　　　　　（彼，私たち）

　　2) Ils marchent très vite.　　　　　（私，あなた）

　　3) J'habite à Lyon.　　　　　　　（彼女，彼ら）

2. 指示に従って各文を疑問文に書き改めなさい．

　　1) Elle est fatiguée.　　　　　　　（Est-ce que による疑問文）

　　2) Vous avez une villa.　　　　　　（倒置による疑問文）

　　3) Ils travaillent dans une banque.　（倒置による疑問文）

　　4) Monsieur Durand chante bien.　（倒置による疑問文）

3. 次の文をフランス語にしなさい．

　　1) マリーは東京で働いている．

　　2) あなたは英語 (anglais) を話しますか？

Oui, Non, Si

Vous‿aimez le café ?　　　　— *Oui,* j'aime le café.

　　　　　　　　　　　　　　　Non, je n'aime pas le café.

Vous n'aimez pas le café ?　　— *Si,* j'aime le café.

　　　　　　　　　　　　　　　Non, je n'aime pas le café.

　　◇ le café の le は「総称」をあらわす定冠詞．

Leçon 6

11. 指示形容詞

名詞の前につき，名詞の性・数に一致した形をとる．

	単数	複数
男性	ce	ces
女性	cette	

ce livre　　*ces* livres
cette femme　　*ces* femmes

◇ ce は母音（または無音の h）ではじまる語の前では **cet** になる．
　cet ami　　　　*ces* amis
　cet homme　　*ces* hommes

cf. cette chemise-*ci* / cette chemise-*là*

12. 所有形容詞

名詞の前につき，名詞の性・数に一致した形をとる．

[所有者]	男性・単数	女性・単数	男女・複数
je	mon	ma	mes
tu	ton	ta	tes
il, elle	son	sa	ses
nous	notre		nos
vous	votre		vos
ils, elles	leur		leurs

　mon père　　　*ma* mère　　　*mes* parents
　votre père　　*votre* mère　　*vos* parents

　la voiture de Paul　→　*sa* voiture
　le collier de Sophie　→　*son* collier

◇ ma, ta, sa は母音（または無音の h）ではじまる語の前では **mon, ton, son** になる．
　mon auto　　　*son* habitude

綴り字の読み方 VI

ch	[ʃ]	**ch**at	[ʃa]	**ch**ocolat	[ʃɔkɔla]
qu	[k]	**qu**atre	[katr]	**qu**ai	[ke]
ill	[ij]	f**ill**e	[fij]	fam**ille**	[famij]

● **Exercices** ●
---

1. （ ）内に適当な指示形容詞を入れなさい．

　1) (　　) dictionnaire　　2) (　　) rivière　　3) (　　) bonbons

　4) (　　) hôtel　　5) (　　) ordinateurs　　6) (　　) usine

2. 次の問いに所有形容詞を使って答えなさい．

　1) C'est votre clef ?　　　　　　　　　　— Oui, c'est…

　2) Ce n'est pas ton école ?　　　　　　　— Si, c'est…

　3) Ce sont les chiens de Georges ?　　　　— Non, ce ne sont pas…

　4) C'est la fille de Monsieur Dupont ?　　— Oui, c'est…

3. 次の文をフランス語にしなさい．

　1) ぼくはこちらの車のほうが好き (préférer ⑥) だ．

　2) 彼らの両親はロンドン (Londres) にいる．

基　数（II）

11 onze	12 douze	13 treize	14 quatorze	15 quinze
16 seize	17 dix-sept	18 dix-huit	19 dix-neuf	20 vingt

Leçon 7

13. 動詞 aller と venir の活用（直説法現在）

aller (☞ ⑧)

je	vais	nous	allons
tu	vas	vous	allez
il	va	ils	vont

Elle *va* à la bibliothèque.

Vous *allez* bien ?　— Oui, je *vais* bien, merci.

venir (☞ ⑨)

je	viens	nous	venons
tu	viens	vous	venez
il	vient	ils	viennent

Ils *viennent* de Strasbourg.

Tu *viens* à Paris par le T.G.V. ?

14. 前置詞 à, de と定冠詞の縮約

à + le	→	**au**	Nous allons *au* cinéma.
à + les	→	**aux**	Ils sont *aux* États-Unis.
de + le	→	**du**	C'est la serviette *du* professeur.
de + les	→	**des**	Voici l'avenue *des* Champs-Élysées.

cf. *à la* campagne, *à l'*aéroport ; *de la* région, *de l'* hôpital

綴り字の読み方 VII

ain, aim	[ɛ̃]	p**ain**	[pɛ̃]	f**aim**	[fɛ̃]
gn	[ɲ]	campa**gn**e	[kɑ̃paɲ]	monta**gn**e	[mɔ̃taɲ]
ail(l)	[aj]	trav**ail**	[travaj]	Vers**aill**es	[vɛrsaj]

— **Exercices** —

1. 各文の主語を指示に従って変え，全文を書き改めなさい．

   1) Je vais au supermarché.　　　　（彼，私たち）
   2) Nous venons ici par le métro.　（私，彼女たち）
   3) Elle va à l'université.　　　　　（あなた，彼ら）
   4) Ton copain vient de Rome ?　　（君，あなたたち）

2. （　）内に au, aux, du, des のいずれかを入れなさい．

   1) Il regarde la carte (　　) vins.
   2) Va-t-il (　　) concert ce week-end ?
   3) D'où* venez-vous ? — Nous venons (　　) Japon.　*d'où : どこから

3. 次の文をフランス語にしなさい．

   1) 彼女たちはルーヴル美術館（musée du Louvre）に行く．
   2) 私たちの先生はニース（Nice）出身です．

国　名

(男性)
le Japon	japonais(e)
le Canada	canadien(ne)
les États-Unis	américain(e)

(女性)
la France	français(e)
l'Angleterre	anglais(e)
l'Allemagne	allemand(e)
la Chine	chinois(e)

cf. aller **au** Japon, **en** France ; venir **du** Japon, **de** France

Leçon 8

15. 近接未来と近接過去

aller＋不定詞で近い未来をあらわす．

Le film *va commencer*.

Je *vais quitter* bientôt ce pays.

cf. Chaque matin, ils *vont travailler* dans⌢une‿usine.

venir de＋不定詞で近い過去をあらわす．

Il *vient de rentrer* de l'école.

Nous *venons d'arriver* à l'hôtel.

16. 非人称表現

1) 天候・時刻

Il fait* beau (mauvais).   Il fait chaud (froid).   *faire ㉕

Il pleut.   Il neige.

Il‿est trois‿heures cinq.

◇ 時刻の表現 ☞ p. 65

2) その他

Il faut une‿heure pour aller au bureau.

Il faut changer de train à Lyon.

Il‿arrive souvent des‿accidents de voiture sur cette route.

Il‿est difficile de réaliser ce projet.

Il‿est évident que Catherine a raison.

綴り字の読み方 Ⅷ

$$e \begin{cases} [ə, -] & \text{m}e\text{nu} \quad [\text{məny}] \quad\quad \text{rout}e \quad [\text{rut}] \\ [e, ɛ] & \text{par}\text{l}e\text{r} \quad [\text{parle}] \quad\quad \text{m}e\text{rci} \quad [\text{mɛrsi}] \end{cases}$$

● **Exercices** ●
---

1. 各文を指示に従って書き改めなさい．

    1) Elle rentre à la maison.　　（近接未来）

    2) Nous regardons la télé.　　（近接未来）

    3) Je téléphone à ma mère.　　（近接過去）

    4) Le train arrive à Paris.　　（近接過去）

2. 次の文を日本語にしなさい．

    1) Il pleut depuis ce matin.

    2) Il reste encore quelques minutes.

    3) Aujourd'hui, il est facile de voyager à l'étranger.

3. 次の文をフランス語にしなさい．

    1) 彼らはリヨンから戻ったところだ．

    2) ホテルに行くのに歩いて（à pied）10分かかる．

.... 曜　日 ....
| 月 lundi | 火 mardi | 水 mercredi | 木 jeudi |
| 金 vendredi | 土 samedi | 日 dimanche | |

発音のまとめ

I. 綴り字の読み方

1) 母音字

a, à, â	[a, ɑ]	**a**mi [ami]	**â**ge [ɑːʒ]
e	[ə, -]	m**e**nu [məny]	vit**e** [vit]
	[e, ɛ]	parl**er** [parle]	m**er**ci [mɛrsi]
é	[e]	**é**cole [ekɔl]	**é**t**é** [ete]
è, ê	[ɛ]	m**è**re [mɛːr]	t**ê**te [tɛt]
i, î, y	[i]	p**i**pe [pip]	**î**le [il]	st**y**le [stil]
o, ô	[o, ɔ]	t**ô**t [to]	j**o**li [ʒɔli]
u, û	[y]	t**u** [ty]	fl**û**te [flyt]
ai, aî, ei	[ɛ]	m**ai**son [mɛzɔ̃]	S**ei**ne [sɛn]
au, eau	[o]	**au**to [oto]	chap**eau** [ʃapo]
eu, œu	[ø, œ]	bl**eu** [blø]	fl**eu**r [flœːr]	s**œu**r [sœːr]
ou	[u]	L**ou**vre [luːvr]	am**ou**r [amuːr]
oi, oî	[wa]	v**oi**ture [vwatyːr]	b**oî**te [bwat]

◇ 半母音化

  i ＋ 母音字 ([i] → [j]) piano [pjano]
  u ＋ 母音字 ([y] → [ɥ]) huit [ɥit]
  ou ＋ 母音字 ([u] → [w]) oui [wi]

2) 母音字＋m, n（鼻母音）

am, an / **em, en**	[ã]	**lam**pe [lɑ̃p] en**sem**ble [ɑ̃sɑ̃:bl]	Fr**an**ce [frɑ̃:s]
im, in, ym / **aim, ain, ein**	[ɛ̃]	s**im**ple [sɛ̃pl] s**ym**bole [sɛ̃bɔl]	f**in** [fɛ̃] p**ain** [pɛ̃]
om, on	[ɔ̃]	n**om** [nɔ̃]	b**on** [bɔ̃]
um, un	[œ̃]	parf**um** [parfœ̃]	l**un**di [lœ̃di]
ien	[jɛ̃]	b**ien** [bjɛ̃]	ch**ien** [ʃjɛ̃]

3) 子音字

c	[k] [s]	**c**afé [kafe] (e, i, y の前) **c**ela [səla]	**c**ulture [kylty:r] **c**inéma [sinema]
ç	[s]	**ç**a [sa]	le**ç**on [ləsɔ̃]
g	[g] [ʒ]	**g**are [ga:r] (e, i, y の前) pa**g**e [pa:ʒ]	lé**g**ume [legym] **g**ilet [ʒilɛ]
h	[–]	**h**aut [o]	**h**omme [ɔm]
s	[s] [z]	**s**amedi [samdi] (母音字＋s＋母音字) vali**s**e [vali:z]	po**s**te [pɔst] sai**s**on [sɛzɔ̃]
x	[gz] [ks]	e**x**ercice [ɛgzɛrsis] te**x**te [tɛkst]	e**x**emple [ɛgzɑ̃pl] e**x**press [ɛksprɛs]
ch	[ʃ]	**ch**at [ʃa]	**Ch**arles [ʃarl]
gn	[ɲ]	monta**gn**e [mɔ̃taɲ]	si**gn**al [siɲal]
ph	[f]	**ph**oto [fɔto]	télé**ph**one [telefɔn]

25

th [t]	**th**é [te]		**Th**omas [tɔmɑ]
qu [k]	**qu**atre [katr]		**qu**el [kɛl]
tion [sjɔ̃]	ac**tion** [aksjɔ̃]	*cf.* ques**tion** [kɛstjɔ̃]	

ail(l) [aj]	trav**ail** [travaj]
eil(l) [ɛj]	sol**eil** [sɔlɛj]
ill [ij]	f**ill**e [fij] *cf.* v**ill**e [vil]

● 語末の子音字：一般に発音しない．

Pari**s** [pari]   gran**d** [grɑ̃]

◇ c, f, l, r は発音されることが多い．
ave**c** [avɛk]   che**f** [ʃɛf]   journa**l** [ʒurnal]   me**r** [mɛːr]

● **Exercices** ●

次の単語を発音しなさい．
42

1) beige   thème   peuple   vrai
2) rêve   chacun   tableau   cycle
3) important   poule   jaune   futur
4) idée   harmonie   étoile   cuisine
5) symphonie   quiche   bœuf   détail
6) Renoir   Debussy   Rimbaud   Saint-Laurent
7) Avignon   Honfleur   Bordeaux   Marseille
8) Panthéon   Bastille   Sacré-Cœur   Bois de Boulogne

Ⅱ． 母音ではじまる語に関する規則

1) **リエゾン** (liaison)

本来発音されない語末の子音字が，次に母音ではじまる語がくると，それと結合して発音されること．（なお -s, -x → [z]；-d → [t]）

vous‿êtes [vuzɛt]　　　les‿écoles [lezekɔl]　　　un‿ami [œ̃nami]

deux‿euros [døzøro]　　grand‿arbre [grɑ̃tarbr]

cf. un garçon et / une fille　　　Jean / est là.

2) **アンシェヌマン** (enchaînement)

語末の子音が，次に母音ではじまる語がくると，それと結合して発音されること．

il⁀est [ilɛ]　　　　　une⁀école [ynekɔl]

3) **エリジヨン** (élision) 〔母音字省略〕

le, la, ce, ne, de, que, je, me, te, se が，次に母音ではじまる語がくると，l', l', c', n', d', qu', j', m', t', s' になること．

la école → l'école [lekɔl]　　　ce est → c'est [sɛ]

● **h ではじまる語**

語頭の h はつねに発音されないが，リエゾン，エリジヨンを妨げるもの（**有音の h**）と，妨げないもの（**無音の h**）の2種類がある．

les / héros　　　　le héros

les‿hommes　　　l'homme

◇ 辞書では，有音の h を †héros などで示す．

Leçon 9

17. 第２群規則動詞 (-ir 型動詞) の活用 （直説法現在）

finir (☞ ④)

je	finis	nous	finissons
tu	finis	vous	finissez
il	finit	ils	finissent

◇ 活用語尾の発音：**-is** [i], **-is** [i], **-it** [i], **-issons** [isɔ̃], **-issez** [ise], **-issent** [is]

Ce cours *finit* à quatre heures et demie.

18. 命令法

各動詞に tu, nous, vous に対する命令形があり，一般に，直説法現在形から主語を省略してつくる．

	parler	finir	aller	venir
(tu に対して)	parle	finis	va	viens
(nous に対して)	parlons	finissons	allons	venons
(vous に対して)	parlez	finissez	allez	venez

◇ -er 型動詞や aller などの２人称単数の命令形では，語尾の -s が落ちる．

（例外）	être	avoir
	sois	aie
	soyons	ayons
	soyez	ayez

Marche vite ! *Finissons* le travail avant midi.
Ne *touchez* pas à ce tableau. *Soyez* tranquille, Madame.

● Exercices ●

1. 各文の主語を指示に従って変え，全文を書き改めなさい．
   1) Nous choisissons ce gâteau.　　　　　（彼，彼女たち）
   2) Tu réussis toujours aux examens.　　（彼女，私たち）
   3) Louis n'obéit pas à la mode.　　　　　（私，あなた）

2. 各文を，その主語に対する命令文に書き改めなさい．
   1) Vous fermez la fenêtre.
   2) Tu viens ici tout de suite.
   3) Nous avons de la patience.
   4) Tu ne pleures pas.

3. 次の文をフランス語にしなさい．
   1) 私はこの料理 (plat) を選ぶ．
   2) 5時までに仕事を終えなさい．

┌─ **四季・月** ─────────────────────────────────┐

春 (au) printemps　　夏 (en) été　　秋 (en) automne　　冬 (en) hiver

1月 janvier	2月 février	3月 mars	4月 avril
5月 mai	6月 juin	7月 juillet	8月 août
9月 septembre	10月 octobre	11月 novembre	12月 décembre

└──┘

Leçon 10

19. 疑問形容詞

	単数	複数
男性	quel	quels
女性	quelle	quelles

Quel âge avez-vous ?　　— J'ai dix-huit ans.
Quelle est votre nationalité ?　　— Je suis japonais.
Dans *quelle* ville habite-t-elle ?　　— Elle habite à Berlin.

◇ 感嘆文をつくることもある.
　　Quel beau paysage !

20. 疑問代名詞

	1) 主語	2) 直接目的語・属詞
ひと	qui qui est-ce qui	qui qui est-ce que
もの	qu'est-ce qui	que qu'est-ce que

1) *Qui* chante ?　　*Qui* est-ce qui chante ?
　Qu'est-ce qui ne va pas ?

2) *Qui* cherchez-vous ?　　*Qui* est-ce que vous cherchez ?
　Que regardez-vous ?　　*Qu'est-ce que* vous regardez ?

Qui est-ce ?
Qu'est-ce que c'est ?

◇ 前置詞 + { **qui**　（ひと）　*De qui* parlent-ils ?
　　　　　 { **quoi**　（もの）　*De quoi* parlent-ils ?

Exercices

1. ( ) 内に適当な疑問形容詞を入れなさい．

   1) (　　　　) est votre nom ?
   2) (　　　　) sports aimes-tu ?
   3) À (　　　) heure part* ce train ?　　　　　　*partir ⑩

2. ( ) 内に適当な疑問代名詞を入れなさい．

   1) (　　　　) joue du piano maintenant ?　　— C'est Maurice.
   2) (　　　　) tu vois* par la fenêtre ?　　— La mer.　*voir ⑮
   3) (　　　　) vous invitez à dîner ?　　— J'invite Emma.
   4) (　　　　) faites-vous dans la vie ?　　— Je suis médecin.

3. 次の文をフランス語にしなさい．

   1) 彼女は何歳ですか？ — 20 歳です．
   2) 君は何を探しているの？

49

> **疑問副詞**
>
> **Quand** partez-vous ?　(= **Quand** est-ce que vous partez ?)
>
> **Où** habites-tu ?　(= **Où** est-ce que tu habites ?)
>
> **Comment** allez-vous ?　　**Combien de** frères as-tu ?
>
> **Pourquoi** ne travaillez-vous pas ?　— Parce que je suis très fatigué.

Leçon 11

🎧 21. 人称代名詞 (2)：目的語，強勢形

[主語]	直接目的	間接目的	強勢形
je (j')	me (m')	me (m')	moi
tu	te (t')	te (t')	toi
il	le (l')	lui	lui
elle	la (l')	lui	elle
nous	nous	nous	nous
vous	vous	vous	vous
ils	les	leur	eux
elles	les	leur	elles

目的語人称代名詞は動詞（または助動詞 ☞ Leçon13）の直前に置かれる．

　　Il *me* regarde.　　　　　　　　　　Je *t'*aime.

　　Me regarde-t-il ?　　　　　　　　　Je ne *t'*aime pas.

　　Tu prends* ce plat ?　— Oui, je *le* prends.　　　　*prendre ⑰

　　Nathalie obéit-elle à sa mère ?　— Non, elle ne *lui* obéit pas.

　　cf. Je vais *vous* chercher à la gare.

◇ 肯定命令では動詞のあとに置き，- で結ぶ．

　　Obéis-*leur* !　　　Regarde-*moi*. (me → moi)　　　*cf.* Ne *me* regarde pas.

強勢形の用法

　　Lui, il part, mais *moi*, je reste.

　　Allô, c'est *toi*, Jeanne ?

　　Nous allons prendre le déjeuner avec *eux*.

● Exercices ●

1. 下線部の語を人称代名詞に変え，全文を書き改めなさい．

    1) Elle cherche son portefeuille.
    2) Michel téléphone à Françoise.
    3) Nous montrons ces photos à nos amis.
    4) Je ne trouve pas ma clef.

2. 次の問いに適当な目的語人称代名詞を使って答えなさい．

    1) Est-ce qu'il prend cet avion ?   — Oui, il …
    2) Tu écris* souvent à ta fiancée ?   — Oui, je …   *écrire ⑳
    3) Acceptez-vous ces propositions ?   — Non, je …

3. 次の文をフランス語にしなさい．

    1) ナタリーはよく私に電話をする．
    2) 私は彼とリュクサンブール公園 (jardin du Luxembourg) に行く．

le jardin du Luxembourg

Leçon 12

22. 代名動詞（直説法現在）

再帰代名詞（me, te, se, nous, vous）を伴う動詞.

se coucher

je	me	couche		nous	nous	couchons
tu	te	couches		vous	vous	couchez
il	se	couche		ils	se	couchent
elle	se	couche		elles	se	couchent

否定形　je ne me couche pas, *etc.*

倒置形　vous couchez-vous ? *etc.*

命令法　couche-toi (te → toi), couchons-nous, couchez-vous
　　　　cf. ne te couche pas, *etc.*

用法

I. 1) 再帰的用法

François *se lève** à sept heures.　　　　　　　　　*se lever ⑤

Je *me lave* les mains.

2) 相互的用法

Paul et Marie *s'aiment* passionnément.

Nous *nous téléphonons* tous les jours.

3) 受動的用法

Le français *se parle* au Québec.

II. 特殊な代名動詞

se souvenir (de), se moquer (de), s'en aller, *etc.*　　　se souvenir ⑨

Je *me souviens de* mon enfance.

Il ne *se moque* jamais* *de* moi.　　　　*ne ～ jamais :「決して～ない」

Monsieur Leblanc *s'en va* tout seul.

● Exercices ●

1. （ ）内の動詞を直説法現在形にしなさい．

　　1) Je (se brosser) les dents.

　　2) Vincent et Hélène (se regarder) tendrement.

　　3) Tu ne (se lever) pas tôt ?

　　4) (S'intéresser)-vous à la musique classique ?

2. 次の文を日本語にしなさい．

　　1) Ces voitures ne se fabriquent plus*.　　　　*ne ~ plus :「もう～ない」

　　2) Comment vous appelez*-vous ?　— Je m'appelle Arsène Lupin.
　　　　　　　　　　　　　　　　　　　　　　　　　　*s'appeler ⑦

　　3) Maman me dit* souvent : «Dépêche-toi ! Tu vas être en retard.»
　　　　　　　　　　　　　　　　　　　　　　　　　　*dire ㉑

3. 次の文をフランス語にしなさい．

　　1) 私はふだん (d'habitude) 早く起きる．

　　2) あなたはあの約束（promesse）を覚えていますか？

Leçon 13

🎧 23. （直説法）複合過去 I
52

> 助動詞（avoir・être）の現在形＋過去分詞

過去分詞

    第 1 群規則動詞：chant**er** → chant**é**　　*cf.* aller → allé

    第 2 群規則動詞：fin**ir** → fin**i**

    不規則動詞：　　être → été, avoir → eu, venir → venu, faire → fait,
                     partir → parti, prendre → pris, voir → vu,
                     écrire → écrit, *etc.*

助動詞 avoir の場合

chanter

j'	ai	chanté	nous	avons	chanté
tu	as	chanté	vous	avez	chanté
il	a	chanté	ils	ont	chanté

否定形　je n'ai pas chanté ; nous n'avons pas chanté, *etc.*
倒置形　avez-vous chanté ? ; a-t-il chanté ? *etc.*

（複合過去の用法）

    過去において完了した行為・出来事や，その結果としての現在の状態をあらわす．

    Il *a dansé* avec Marie hier soir.
    Tu n'*as* pas *vu* Jean ce matin ?
    Elle est au lit : elle *a pris* froid.
    Avez-vous déjà *visité* le château de Versailles ?　　（経験）
       — Oui, je l'*ai visité* plusieurs fois.

Exercices

1. 各文の動詞を複合過去形に変え，全文を書き改めなさい．

    1) Je mange un sandwich à midi.
    2) Ils finissent leur travail à 17 heures.
    3) Elle fait des courses au marché.
    4) Nous ne regardons pas la télé.

2. 次の文を日本語にしなさい．

    1) Ma grand-mère a mis* sa chaise près de la fenêtre.   *mettre ⑱
    2) Sylvie ne m'a pas écrit depuis trois mois.
    3) Ils ont voyagé en Suisse et pris beaucoup de photos.

3. 次の文をフランス語にしなさい．

    1) 私は昨日彼女と歌った．
    2) 君はモン＝サン＝ミシェル (le Mont-Saint-Michel) を訪れたことがある？

le Mont-Saint-Michel

Leçon 14

🎧 24.（直説法）複合過去 II
53

助動詞 être の場合

過去分詞は主語の性・数に一致する．

aller

je suis allé(*e*)	nous sommes allé(*e*)s
tu es allé(*e*)	vous êtes allé(*e*)(s)
il est allé	ils sont allés
elle est allée	elles sont allées

助動詞 être を用いる動詞：次のような一部の自動詞（カッコ内は過去分詞）
 aller, venir (venu) ; arriver, partir (parti) ; entrer, sortir (sorti) ;
 rester ; tomber ; monter, descendre (descendu) ; naître (né),
 mourir (mort), *etc.*

否定形　je ne suis pas allé(*e*), *etc.*　　倒置形　est-elle venue ?　*etc.*

Nous *sommes allés* en Normandie il y a deux ans.
Sylvie n'est pas là: elle *est* déjà *partie*.

◇ 代名動詞の場合：助動詞はつねに être．過去分詞は，再帰代名詞が直接目的語の場合に限り，それと性・数の一致をする．

se coucher

je me suis couché(*e*)	nous nous sommes couché(*e*)s
tu t'es couché(*e*)	vous vous êtes couché(*e*)(s)
il s'est couché	ils se sont couchés
elle s'est couchée	elles se sont couchées

否定形　je ne me suis pas couché(*e*), *etc.*
倒置形　vous êtes-vous couché(*e*)(s) ?　*etc.*

● **Exercices** ●

1. 各文の動詞を複合過去形に変え，全文を書き改めなさい．

    1) Il entre dans un café.

    2) Marie vient chez moi.

    3) Nous montons dans un taxi.

    4) Elles ne sortent* pas de la maison.　　　　　　　　　　*sortir ⑩

2. 次の文を日本語にしなさい．

    1) Mon grand-père est arrivé de Bordeaux avant-hier.

    2) Je me suis levée tard et j'ai pris le petit-déjeuner à la hâte.

    3) Marie-Antoinette est née à Vienne en 1755, et elle est morte à Paris en 1793.

3. 次の文をフランス語にしなさい．

    1) 彼女は５月に（en mai）祖父の家に行った．

    2) 彼らはもうフランスに（pour la France）出発した．

Marie-Antoinette

Leçon 15

25. (直説法) 半過去

chanter

je	chant**ais**	nous	chant**ions**
tu	chant**ais**	vous	chant**iez**
il	chant**ait**	ils	chant**aient**

finir

je	finiss**ais**	nous	finiss**ions**
tu	finiss**ais**	vous	finiss**iez**
il	finiss**ait**	ils	finiss**aient**

活用語尾はすべての動詞に共通.

-ais [ɛ], **-ais** [ɛ], **-ait** [ɛ], **-ions** [jɔ̃], **-iez** [je], **-aient** [ɛ]

語幹は直説法現在・1人称複数形からつくる.

- chanter : nous **chant**ons → je **chant**ais
- finir : nous **finiss**ons → je **finiss**ais
- avoir : nous **av**ons → j'**av**ais
- (例外) être → j'**ét**ais

用法

過去における継続的動作・状態，または習慣的行為をあらわす.

Lorsque je suis rentrée à la maison, ma mère *préparait* le dîner.
Ils *étudiaient* à Paris à cette époque-là.
cf. Ils ont étudié à Paris pendant trois ans.
Quand j'*étais* petit, j'*allais* à la pêche tous les dimanches.

◇ (直説法) 大過去 ☞ p. 61

●―――― **Exercices** ――――●

1. （ ）内の動詞を半過去形にしなさい．

   1) Quand il est venu chez moi, nous (regarder) le match de football à la télé.
   2) Il y (avoir) beaucoup de gens sur la place de la Bastille.
   3) En 2010, ils (être) lycéens à Toulouse.
   4) Autrefois, je (faire) du tennis avec mon frère.

2. 次の文を日本語にしなさい．

   1) Il était midi, et nous avions très faim.
   2) Dans mon enfance, je passais mes vacances de Noël en Alsace.
   3) Cécile lisait* le journal quand le téléphone a sonné.　　　*lire ㉒

3. 次の文をフランス語にしなさい．

   1) セシルが家に帰ると，弟はテレビを見ていた．
   2) 彼は毎週土曜日にジョギングをして（faire du jogging）いた．

la place de la Bastille

Leçon 16

26. 比較級と最上級

1) 比較級

   a. 形容詞の場合

   Marie est $\begin{Bmatrix} \textbf{plus} \\ \textbf{aussi} \\ \textbf{moins} \end{Bmatrix}$ grande **que** Jean.　　　（優等比較）
   　　　　　　　　　　　　　　　　　　　　　　　　（同等比較）
   　　　　　　　　　　　　　　　　　　　　　　　　（劣等比較）

   b. 副詞の場合

   Gustave marche $\begin{Bmatrix} \textbf{plus} \\ \textbf{aussi} \\ \textbf{moins} \end{Bmatrix}$ vite **que** Louise.　（優等比較）
   　　　　　　　　　　　　　　　　　　　　　　　　（同等比較）
   　　　　　　　　　　　　　　　　　　　　　　　　（劣等比較）

   ◇ 形容詞 bon，副詞 bien の優等比較級

   　× plus bon → **meilleur**；× plus bien → **mieux**

   　Ce vin-ci est bon, mais ce vin-là est encore *meilleur*.

   　Ma femme danse *mieux* que moi.

2) 最上級

   定冠詞 (le, la, les) + $\begin{Bmatrix} \text{plus} \\ \text{moins} \end{Bmatrix}$ +形容詞（+ de 〜）

   ◇ 定冠詞は形容詞の性・数と一致したものを用いる．

   Marc est *le plus* intelligent *de* sa classe.

   A Paris, l'hiver est la saison *la moins* agréable.

   Quel est *le meilleur* restaurant *de* ce quartier ?

   定冠詞 le + $\begin{Bmatrix} \text{plus} \\ \text{moins} \end{Bmatrix}$ +副詞（+ de 〜）

   ◇ 定冠詞はつねに le を用いる．

   Elle se lève *le plus* tôt de la famille.

   Il chante *le mieux* de mes camarades.

● **Exercices** ●

1. 文意を考え，（ ）内に適切な語を入れなさい．

   1) La campagne est (　　　) calme (　　　) la ville.
   2) Le bois est (　　　) lourd (　　　) le fer.
   3) Le T.G.V. roule (　　　) (　　　) vite des trains français.
   4) L'été est la saison (　　　) (　　　) chaude (　　　) l'année.

2. 次の文を日本語にしなさい．

   1) Isabelle parle aussi bien le japonais que toi.
   2) Aujourd'hui, il fait moins froid qu'hier.
   3) Anne est la meilleure élève de la classe.

3. 次の文をフランス語にしなさい．

   1) マルクは私と同じくらい背が高い．
   2) 彼女はクラスでいちばん上手に踊る．

不定詞を伴う動詞

devoir	Nous *devons* rentrer avant le dîner.	(☞ ⑪)
pouvoir	On *peut* payer avec une carte de crédit ?	(☞ ⑫)
vouloir	Je ne *veux* pas sortir si tard dans la nuit.	(☞ ⑬)

Leçon 17

27.（直説法）単純未来

chanter

je chante**rai**	nous chante**rons**
tu chante**ras**	vous chante**rez**
il chante**ra**	ils chante**ront**

finir

je fini**rai**	nous fini**rons**
tu fini**ras**	vous fini**rez**
il fini**ra**	ils fini**ront**

活用語尾はすべての動詞に共通．

-**rai** [re], -**ras** [ra], -**ra** [ra], -**rons** [rɔ̃], -**rez** [re], -**ront** [rɔ̃]

語幹は不定詞から語末の r や re を除いたもの．
ただし，不規則動詞の語幹は特殊なものが多い．

être → je se**rai**, avoir → j'au**rai**, aller → j'i**rai**, venir → je viend**rai**,
faire → je fe**rai**, voir → je ver**rai**, devoir → je dev**rai**,
pouvoir → je pour**rai**, vouloir → je voud**rai**, *etc*.

用法

未来の行為・状態をあらわす．

Ma cousine *arrivera* demain.
Vous *prendrez* un taxi ou le bus ?
Nous *irons* en France l'année prochaine.

Tu me *donneras* ton adresse mail. （軽い命令）

◇（直説法）前未来 ☞ p. 60

● **Exercices** ●

1. （　）内の動詞を単純未来形にしなさい．

    1) Je vous (téléphoner) dans une heure.

    2) Vous (réussir) certainement votre examen.

    3) Tu (être) libre dimanche prochain ?

    4) Ils (venir) me voir après-demain.

2. 次の文を日本語にしなさい．

    1) Qu'est-ce que tu feras cet été ?　— Je retournerai au Canada.

    2) Dans deux semaines, Philippe aura son permis de conduire.

    3) Vous m'apporterez un verre d'eau fraîche, je vous prie.

3. 次の文をフランス語にしなさい．

    1) 私たちはパリに 19 時ごろ（vers）到着する予定です．

    2) 彼女は今年の夏，南フランスに（dans le Midi）行くつもりだ．

----- **否定表現**（なにも・だれも～ない）-----

| **ne ～ rien** | Je *ne* mange *rien* depuis ce matin. |
| **ne ～ personne** | Il *n'*y a *personne* sur la plage. |

Leçon 18

28. 中性代名詞

語順は目的語人称代名詞（☞ Leçon 11）にならう．

1) **le**

形容詞，不定詞，節，文などをうける．

　　　Vous êtes *fatiguée* ?　　　　　— Oui, je *le* suis un peu.
　　　Puis-je *sortir* ?　　　　　　　— Oui, vous *le* pouvez.
　　　Tu sais* *qu'elle est mariée* ?　　— Non, je ne *le* sais pas.　　*savoir ⑭
　　　Alfred est tout à fait innocent.　Je *l'*affirme.

2) **en**

de ＋事物をあらわす名詞などに代わる．

　　　Vous venez *de Genève* ?　　　　　　　— Oui, j'*en* viens.
　　　Il a parlé *de son voyage en Grèce* ?　　— Oui, il *en* a parlé.
　　　Avez-vous besoin *de ce dictionnaire* ?　— Oui, j'*en* ai besoin.

不定冠詞 des ＋名詞，部分冠詞＋名詞に代わる．

　　　Vous avez *des tickets de métro* ?　— Non, je n'*en* ai pas.
　　　Tu bois* *du chocolat chaud* ?　　— Oui, j'*en* bois.　　　*boire ㉔

基数詞＋名詞の「名詞」，数量副詞＋de ＋名詞の「de ＋名詞」に代わる．

　　　Vous avez trois *cours* aujourd'hui ?　— Oui, nous *en* avons trois.
　　　Est-ce que tu as vu beaucoup *de films de Truffaut* ?
　　　　　　　　　　　　　　　　　　— Oui, j'*en* ai vu beaucoup.

3) **y**

à＋事物をあらわす名詞などに代わる．また，場所を示す．

　　　Jules pense *à son avenir* ?　　　— Oui, il *y* pense.
　　　Vous êtes allé *à Marseille* ?　　— Oui, j'*y* suis allé l'année dernière.
　　　Est-elle toujours *en Espagne* ?　— Non, elle n'*y* est plus.

● **Exercices** ●

1. 次の問いに中性代名詞を用いて答えなさい．

    1) Travaillez-vous à Tokyo ?　　　　　— Oui, …

    2) Il a besoin de mon aide ?　　　　　— Non, …

    3) Tu achètes* des cartes postales ?　　— Oui, …　　　*acheter ⑤

    4) Sont-elles fâchées contre moi ?　　— Non, …

2. 次の文を日本語にしなさい．

    1) Il a passé son baccalauréat avec succès, et il en est très content.

    2) Elle m'a posé une question.　Il faut y répondre tout de suite.

    3) Juliette est partie pour Londres, mais je ne le savais pas.

3. 次の文をフランス語にしなさい．

    1) あなたたちはギリシアに行くのですか？　—ええ，行きます．

    2) 彼はビール（bière）を飲みますか？　—いいえ，飲みません．

数量表現

Il y a **beaucoup de** touristes devant la cathédrale.

Nous avons **assez de** temps pour prendre un repas.

Il a **un peu d'**argent.　　*cf.* Il a **peu d'**argent.

Leçon 19

29. 関係代名詞

1) **qui**

先行詞が後続する節の主語の場合に用いられる．先行詞は人でも物でもよい．

Je regarde mes enfants *qui* jouent dans le parc.

Quel est le fleuve *qui* traverse Paris ?

2) **que**

先行詞が後続する節の直接目的語の場合に用いられる．先行詞は人でも物でもよい．

Ce sont les chaussures *que* j'ai achetées* à Milan.

*過去分詞の一致 ☞ p. 60

La jeune fille *qu'*il attend* est sa fiancée.   *attendre ⑯

3) **dont**

de ＋先行詞に代わる．先行詞は人でも物でもよい．

Je connais* un garçon *dont* la mère est actrice.   *connaître ⑲

（→ la mère *de ce garçon* est actrice）

Voici le roman *dont* on parle beaucoup ces jours-ci.

（→ on parle beaucoup *de ce roman*）

4) **où**

場所や時を示す先行詞をうける．先行詞は後続する節の副詞的要素．

C'est le restaurant *où* nous avons dîné vendredi dernier.

Je me souviens du jour *où* j'ai quitté mon pays.

● **Exercices** ●

1. (　) 内に適切な関係代名詞を入れなさい．

   1) C'est un film (　　) j'adore.

   2) Voilà le village (　　) il est né.

   3) Elle regarde un chien (　　) dort* sous le banc.   *dormir ⑩

   4) Nous connaissons une fille (　　) l'oncle est avocat.

2. 次の文を日本語にしなさい．

   1) Il y a beaucoup de jeunes qui cherchent un emploi.

   2) Prenons le vin que le sommelier nous recommande.

   3) L'appartement où Sophie demeure est très confortable.

3. 次の文をフランス語にしなさい．

   1) それは彼らが大好きな女優です．

   2) パリを横切って流れる川はセーヌ川 (la Seine) です．

序　数

1er premier (1ère première)		2e deuxième (second, *e*)
3e troisième	4e quatrième	5e cinquième 6e sixième
7e septième	8e huitième	9e neuvième 10e dixième

Leçon 20

30. 受動態

> 助動詞 être ＋他動詞の過去分詞

過去分詞は主語の性・数に一致する．

　　La porte *est fermée* par le gardien le soir.
　　Pierre *est aimé* de tous ses camarades de classe.
　　cf. La porte *a été fermée* par le gardien.

31. 現在分詞

語尾はつねに　～ant [ã]

語幹は直説法現在・1人称複数形からつくる．

　　chanter : nous **chant**ons → **chant**ant
　　finir : 　nous **finiss**ons → **finiss**ant
　　（例外）　être → **ét**ant,　avoir → **ay**ant,　savoir → **sach**ant

（用法）形容詞的（一般に書き言葉で用いられる）

　　Les personnes *étudiant* le français sont nombreuses.
　　Ayant soif, ils ont cherché un café dans ce quartier.

32. ジェロンディフ (gérondif)

> en ＋現在分詞

（用法）副詞的（書き言葉でも話し言葉でも用いられる）

　　J'ai rencontré Julien *en sortant* du cinéma.
　　cf. J'ai rencontré Julien sortant du cinéma.
　　En consultant le dictionnaire, tu comprendras* le sens de ce mot.
　　　　　　　　　　　　　　　　　　　　　　　　*comprendre ⑰
　　Henri travaille tout *en écoutant* la radio.

Exercices

1. 次の文を受動態に変えなさい．

    1) Beaucoup de touristes visitent ce château.
    2) Tous les élèves respectent Madame Claudel.
    3) Gutenberg a inventé l'imprimerie.

2. 次の文を日本語にしなさい．

    1) Étant fatiguée, Thérèse s'est couchée assez tôt.
    2) Cet après-midi, j'ai vu tes parents en revenant du marché.
    3) En prenant la troisième rue à droite, vous trouverez ce théâtre.
    4) L'artiste dessine une belle femme écrivant une lettre.

3. 次の文をフランス語にしなさい．

    1) 彼女はみんな（tout le monde）に好かれている．
    2) 彼らはおしゃべりし（bavarder）ながら働いている．

le château de Chambord

Leçon 21

33. 条件法

現在

chanter

je chante**rais**	nous chante**rions**
tu chante**rais**	vous chante**riez**
il chante**rait**	ils chante**raient**

finir

je fini**rais**	nous fini**rions**
tu fini**rais**	vous fini**riez**
il fini**rait**	ils fini**raient**

活用語尾はすべての動詞に共通．

-rais [rɛ], **-rais** [rɛ], **-rait** [rɛ], **-rions** [rjɔ̃], **-riez** [rje], **-raient** [rɛ]

語幹は単純未来と同じ．（☞ Leçon 17）

être → je se**rais**,　avoir → j'au**rais**,　*etc.*

用法

1) 現在の事実に反する仮定のもとに，その結果を推測する．

Si j'avais du temps libre, j'*irais* en France.

Sans elle, il ne *pourrait* pas vivre heureux.

2) 語調緩和．

Je *voudrais* vous poser une question.

Vous *devriez* partir immédiatement.

◇条件法過去 ☞ p. 61

Exercices

1. （　）内の動詞を条件法現在形にしなさい．

    1) Avec ton aide, elle (finir) ses devoirs plus tôt.
    2) J'(aimer) bien voir ce film encore une fois.
    3) S'il faisait beau aujourd'hui, nous (faire) du vélo.
    4) (Pouvoir)-vous m'indiquer le chemin de l'Opéra ?

2. 次の文を日本語にしなさい．

    1) Sans cette grève, ils partiraient en voyage.
    2) Est-ce que je pourrais avoir une carafe d'eau ?
    3) Si nous invitions Émilie, elle serait sûrement ravie.

3. 次の文をフランス語にしなさい．

    1) この小包（colis）を日本に送り（envoyer）たいのですが．
    2) 天気がよければ，私たちは散歩に行く（aller en promenade）のだが．

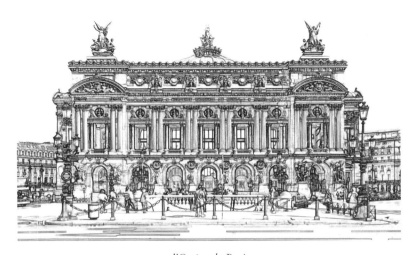

l'Opéra de Paris

Leçon 22

34. 接続法

現在

chanter

je chante	nous chantions
tu chantes	vous chantiez
il chante	ils chantent

活用語尾は être, avoir 以外は共通．

-e [–]**, -es** [–]**, -e** [–]**, -ions** [jɔ̃]**, -iez** [je]**, -ent** [–]

語幹は多くの場合，直説法現在・3人称複数形からつくる．

chanter :　ils **chant**ent → je **chant**e
finir :　　ils **finiss**ent → je **finiss**e
cf. venir → je **vienn**e, nous **ven**ions, *etc.*
（例外）1) faire → je **fass**e,　pouvoir → je **puiss**e,　savoir → je **sach**e
　　　　2) aller → j'**aill**e,　nous **all**ions, *etc.*

être

je sois	nous soyons
tu sois	vous soyez
il soit	ils soient

avoir

j' aie	nous ayons
tu aies	vous ayez
il ait	ils aient

用法

一般に従属節の中で用いられ，頭の中で考えられた主観的な事柄をあらわす．

Je veux que Jacqueline *vienne* ce soir.
Nicolas a peur que son collègue (ne*) *soit* en retard.　　*虚辞の ne
Je ne crois* pas qu'il *sache* la vérité.　　*croire ㉓
Il faut que tu *fasses* plus d'efforts pour réussir.
Je vais chauffer la chambre pour que vous n'*ayez* pas froid.
C'est la meilleure solution que nous *puissions* trouver.

◇接続法過去 ☞ p. 61

Exercices

1. (　) 内の動詞を接続法現在形にしなさい.

    1) Nous souhaitons que vous (passer) vos vacances chez nous.
    2) Je suis content que tout (aller) bien.
    3) Bien que Manon (être) riche, elle n'est pas du tout heureuse.
    4) C'est dommage que tu ne (pouvoir) pas venir.

2. 次の文を日本語にしなさい.

    1) Restez ici jusqu'à ce qu'il revienne.
    2) Il est possible qu'ils changent d'avis après la discussion.
    3) Nous cherchons un appartement qui ait cinq pièces.

3. 次の文をフランス語にしなさい.

    1) あなた方に私の家に来ていただきたい.
    2) 私たちはこれらの練習問題を終えなければならない.

l'Arc de Triomphe de l'Étoile

APPENDICE

I.

1. **名詞・形容詞**
   1. 名詞の特殊な複数形
   2. 形容詞の特殊な女性形
   3. 男性単数形が2つある形容詞

2. **代名詞**
   1. 指示代名詞
   2. 疑問代名詞（性・数変化するもの）
   3. 所有代名詞
   4. 関係代名詞
   5. 目的語人称代名詞が2つ用いられる場合

3. **動詞**
   1. 過去分詞の一致
   2. 複合時制
   3. （直説法）単純過去
   4. 話法と時制の一致

4. **基本文型**

II.

筆記体・句読記号・基数（21〜）・
序数（11^e〜）・時刻の表現

I.

1. 名詞・形容詞

1 名詞の特殊な複数形

1) **-s, -x**：不変　　　un bra*s*　→ des bra*s*
　　　　　　　　　　　une voi*x*　→ des voi*x*
2) **-eu** → **-eux**　　un chev*eu*　→ des chev*eux*
　　-eau → **-eaux**　un chap*eau* → des chap*eaux*
3) **-al** → **-aux**　　un anim*al*　→ des anim*aux*

　◇ 形容詞の男性複数形も上にならう．
　　mauvai*s* → mauvai*s*　　génér*al* → génér*aux*

2 形容詞の特殊な女性形

1) **-e**：不変　　　　rou*ge*　→ rou*ge*
2) **-er** → **-ère**　lég*er*　→ lég*ère*
3) **-if** → **-ive**　act*if*　→ act*ive*
4) **-eux** → **-euse**　heur*eux* → heur*euse*
5) その他
　　bon → bonne　　gentil → gentille　　frais → fraîche
　　blanc → blanche　long → longue, *etc.*

3 男性単数形が2つある形容詞

	単数	複数
男性	beau (bel)	beaux
女性	belle	belles

bel は母音（または無音の h）ではじまる男性単数名詞の前で用いる．
　　un *beau* jardin　　un *bel* arbre　　une *belle* fleur

◇ nouveau (nouvel), vieux (vieil) も同様．
　　le *nouvel* an　　un *vieil* homme

2. 代名詞

1 指示代名詞

1) **性・数変化しないもの**
　ceci, cela (ça)：*Ceci* est plus cher que *cela*.
　　　　　　　　　　Ça va ? — Oui, *ça* va.
　ce：　　　　　*C'*est mon sac.　Je comprends *ce* que tu dis.

2) **性・数変化するもの**

	単数	複数
男性	celui	ceux
女性	celle	celles

ma maison et *celle* de M. Legrand
tes parents et *ceux* de Jacqueline
cf. Voici deux magazines ; *celui-ci* est plus populaire que *celui-là*.

2　**疑問代名詞**（性・数変化するもの）

	単数	複数
男性	lequel	lesquels
女性	laquelle	lesquelles

人にも物にも用い,「選択」をあらわす.

　　Voici des cravates.　*Laquelle* choisissez-vous ?

◇ à, de + lequel, … (☞ Leçon 7).
　(à +)　　*au*quel,　　*aux*quels,　　*aux*quelles
　(de +)　　*du*quel,　　*des*quels,　　*des*quelles
Auquel de ses amis donne-t-elle ce cadeau ?

3　**所有代名詞**

[所有者]	男性・単数	女性・単数	男性・複数	女性・複数
je	le mien	la mienne	les miens	les miennes
tu	le tien	la tienne	les tiens	les tiennes
il, elle	le sien	la sienne	les siens	les siennes
nous	le nôtre	la nôtre	les nôtres	
vous	le vôtre	la vôtre	les vôtres	
ils, elles	le leur	la leur	les leurs	

mon parapluie et *le tien* (= ton parapluie)
notre université et *la vôtre* (= votre université)

4 関係代名詞

1) **強調構文**

   C'est M. Swann *qui* a acheté ce tableau hier.
   C'est ce tableau *que* M. Swann a acheté hier.
   cf. C'est hier que M. Swann a acheté ce tableau.

2) **前置詞＋関係代名詞** (lequel…)

   Voilà la raison *pour laquelle* je fais des études de médecine.
   Je connais le garçon *avec lequel* (*avec qui*) Paul parle.

5 目的語人称代名詞が２つ用いられる場合

組み合わせと語順

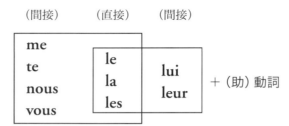

Je vous donne ce bouquet. → Je *vous le* donne.
Alain ne prête pas sa voiture à Jean. → Alain ne *la lui* prête pas.

◇ 肯定命令の場合：動詞 - 直接目的 - 間接目的
Montrez-moi ces photos. → Montrez-*les-moi*.

3. 動詞

1 過去分詞の一致

1) 受動態 (☞ Leçon 20)
2) 複合過去

   a. 助動詞 être の場合 (☞ Leçon 14)
   b. 助動詞 avoir の場合でも，直接目的語が前に置かれると，それに性・数を一致させる．

   Les Martin, nous les avons invité**s** à dîner.
   Voilà la dame que j'ai vu**e** hier.

2 複合時制

1) （直説法）前未来

   助動詞（avoir・être）の単純未来形＋過去分詞

chanter :　j'aurai chanté, *etc.*
aller :　　je serai allé(*e*), *etc.*

未来のある時点において，既に完了している行為・状態をあらわす．

Quand tu rentreras, nous *serons sortis*.

2) （直説法）**大過去**

助動詞 (avoir・être) の半過去形＋過去分詞

chanter :　j'avais chanté, *etc.*
aller :　　j'étais allé(*e*), *etc.*

過去のある時点において，既に完了した行為・状態をあらわす．

Quand il est arrivé à la gare, le train *était* déjà *parti*.

3) **条件法過去**

助動詞 (avoir・être) の条件法現在形＋過去分詞

chanter :　j'aurais chanté, *etc.*
aller :　　je serais allé(*e*), *etc.*

過去の事実に反する仮定のもとに，その結果を推測する．

Si j'avais eu du temps libre, je *serais allé* en France.

4) **接続法過去**

助動詞 (avoir・être) の接続法現在形＋過去分詞

chanter :　j'aie chanté, *etc.*
aller :　　je sois allé(*e*), *etc.*

Je suis heureux que ma fille *ait gagné* le prix.

3　（直説法）**単純過去**

活用には四つの型がある．

① **chanter**　　　　　　　　② **finir**

je chantai	nous chantâmes		je finis	nous finîmes
tu chantas	vous chantâtes		tu finis	vous finîtes
il chanta	ils chantèrent		il finit	ils finirent

③ avoir

j' eus	nous eûmes
tu eus	vous eûtes
il eut	ils eurent

④ venir

je vins	nous vînmes
tu vins	vous vîntes
il vint	ils vinrent

aller → il alla, ils allèrent (①型),　faire → il fit, ils firent (②型)
être → il fut, ils furent (③型),　*etc.*

物語や歴史の叙述など，書き言葉で用いられる．

On *frappa* à la porte.　Elle *eut* peur ; elle *resta* immobile quelque temps.

La Première Guerre mondiale *éclata* en 1914.

4 **話法と時制の一致**

{ Il m'a dit : « J'ai mal à la tête. »
  Il m'a dit *qu'il avait* mal à la tête.

{ Il m'a demandé : « Est-elle déjà rentrée ? »
  Il m'a demandé *si elle était* déjà *rentrée*.

{ Il m'a demandé : « Quand arriveras-tu ici ? »
  Il m'a demandé *quand j'arriverais là*.

4.　基本文型

① Hélène travaille.　　　　　　　　　〔主語＋動詞〕

② Elle est étudiante.　　　　　　　　〔主語＋動詞＋属詞〕

③ Elle aime ses parents.　　　　　　〔主語＋動詞＋直接目的語〕

④ Elle obéit à ses parents.　　　　　〔主語＋動詞＋間接目的語〕

⑤ Elle donne un cadeau à ses parents.　〔主語＋動詞＋直接目的語
　　　　　　　　　　　　　　　　　　　　＋間接目的語〕

⑥ Elle trouve ses parents tendres.　〔主語＋動詞＋直接目的語＋属詞〕

II.

筆記体

A	a	*N*	n
B	b	*O*	o
C	c	*P*	p
D	d	*Q*	q
E	e	*R*	r
F	f	*S*	s
G	g	*T*	t
H	h	*U*	u
I	i	*V*	v
J	j	*W*	w
K	k	*X*	x
L	l	*Y*	y
M	m	*Z*	z

句読記号

.	point		!	point d'exclamation
,	virgule		…	points de suspension
;	point-virgule		—	tiret
:	deux-points		« »	guillemets
?	point d'interrogation		( )	parenthèses

基数（21〜）

21	vingt et un	60	soixante
22	vingt-deux	70	soixante-dix
29	vingt-neuf	71	soixante et onze
30	trente	72	soixante-douze
31	trente et un	80	quatre-vingts
32	trente-deux	81	quatre-vingt-un
40	quarante	90	quatre-vingt-dix
50	cinquante	91	quatre-vingt-onze

100　cent　　　　101　cent un　　　　200　deux cents

201　deux cent un　　1.000　mille

◇ 日付・年号

4月1日：　　le 1er avril（1日のみ序数）

7月14日：　 le 14 juillet

1789年：　　(l'an) $\begin{cases} \text{mille (mil) sept cent} \\ \text{dix-sept cent} \end{cases}$ quatre-vingt-neuf

　　　　　　（両方の読み方が可能）

2016年：　　(l'an) deux mille (mil) seize

序数（11e〜）

11^e	onzième	19^e	dix-neuvième
12^e	douzième	20^e	vingtième
13^e	treizième	21^e	vingt et unième

100e　centième

◇ Napoléon Ier（1世以外は基数：Louis XIV）

　le 2e étage,　　le 5e arrondissement

　le 21e siècle

時刻の表現

Quelle heure est-il ?   — Il est une heure.
(Vous avez l'heure ?)

Il est six heures	vingt.	（6時20分）
	et quart.	（6時15分）
	et demie.	（6時半）
	moins dix.	（6時10分前）
	moins le quart.	（6時15分前）

Il est midi.　　　（正午）
Il est minuit.　　（午前零時）

le pont Alexandre III

主要動詞の直説法現在形

① **être**
[ɛːtr]

現在分詞 étant
過去分詞 été

je	suis	[ʒ(ə)sɥi]
tu	es	[tyɛ]
il	est	[ilɛ]
nous	sommes	[nusɔm]
vous	êtes	[vuzɛt]
ils	sont	[ilsɔ̃]

② **avoir**
[avwaːr]

ayant
eu

j'	ai	[ʒe]
tu	as	[tya]
il	a	[ila]
nous	avons	[nuzavɔ̃]
vous	avez	[vuzave]
ils	ont	[ilzɔ̃]

③ **parler**
[parle]

parlant
parlé

je	parl**e**	[ʒ(e)parl]
tu	parl**es**	[typarl]
il	parl**e**	[ilparl]
nous	parl**ons**	[nuparlɔ̃]
vous	parl**ez**	[vuparle]
ils	parl**ent**	[ilparl]

◇ 第1群規則動詞

④ **finir**
[finiːr]

finissant
fini

je	fin**is**	[ʒ(ə)fini]
tu	fin**is**	[tyfini]
il	fin**it**	[ilfini]
nous	fin**issons**	[nufinisɔ̃]
vous	fin**issez**	[vufinise]
ils	fin**issent**	[ilfinis]

◇ 第2群規則動詞

⑤ **acheter**
[aʃte]

achetant
acheté

j'	ach**è**te	[ʒaʃɛt]
tu	ach**è**tes	[tyaʃɛt]
il	ach**è**te	[ilaʃɛt]
nous	achetons	[nuzaʃtɔ̃]
vous	achetez	[vuzaʃte]
ils	ach**è**tent	[ilzaʃɛt]

◇ 同型 (se) lever

⑥ **préférer**
[prefere]

préférant
préféré

je	préf**è**re	[ʒ(ə)prefɛːr]
tu	préf**è**res	[typrefɛːr]
il	préf**è**re	[ilprefɛːr]
nous	préférons	[nuprefrɔ̃]
vous	préférez	[vuprefere]
ils	préf**è**rent	[ilprefɛːr]

⑦ **appeler**
[aple]

appelant
appelé

j'	app**ell**e	[ʒapɛl]
tu	app**ell**es	[tyapɛl]
il	app**ell**e	[ilapɛl]
nous	appelons	[nuzaplɔ̃]
vous	appelez	[vuzaple]
ils	app**ell**ent	[ilzapɛl]

69

⑧ **aller**
[ale]

allant
allé

je	vais	[ʒ(ə)vɛ]
tu	vas	[tyva]
il	va	[ilva]
nous	allons	[nuzalɔ̃]
vous	allez	[vuzale]
ils	vont	[ilvɔ̃]

⑨ **venir**
[v(ə)niːr]

venant
venu

je	viens	[ʒ(ə)vjɛ̃]
tu	viens	[tyvjɛ̃]
il	vient	[ilvjɛ̃]
nous	venons	[nuv(ə)nɔ̃]
vous	venez	[vuv(ə)ne]
ils	viennent	[ilvjɛn]

◇ 同型 (se) souvenir

⑩ **partir**
[partiːr]

partant
parti

je	pars	[ʒ(ə)paːr]
tu	pars	[typaːr]
il	part	[ilpaːr]
nous	partons	[nupartɔ̃]
vous	partez	[vuparte]
ils	partent	[ilpart]

◇ 同型 sortir, dormir

⑪ **devoir**
[dəvwaːr]

devant
{ **dû**, due
  dus, dues }

je	dois	[ʒ(ə)dwa]
tu	dois	[tydwa]
il	doit	[ildwa]
nous	devons	[nud(ə)vɔ̃]
vous	devez	[vud(ə)ve]
ils	doivent	[ildwaːv]

⑫ **pouvoir**
[puvwaːr]

pouvant
pu

je	peux	[ʒ(ə)pø]
tu	peux	[typø]
il	peut	[ilpø]
nous	pouvons	[nupuvɔ̃]
vous	pouvez	[vupuve]
ils	peuvent	[ilpœːv]

◇ je puis もあるが文語的．ただし1人称単数の倒置形はつねに puis-je [pɥiːʒ].

⑬ **vouloir**
[vulwaːr]

voulant
voulu

je	veux	[ʒ(ə)vø]
tu	veux	[tyvø]
il	veut	[ilvø]
nous	voulons	[nuvulɔ̃]
vous	voulez	[vuvule]
ils	veulent	[ilvœl]

⑭ **savoir**
[savwaːr]

sachant
su

je	sais	[ʒ(ə)sɛ]
tu	sais	[tysɛ]
il	sait	[ilsɛ]
nous	savons	[nusavɔ̃]
vous	savez	[vusave]
ils	savent	[ilsaːv]

⑮ **voir**
[vwaːr]

voyant
vu

je	vois	[ʒ(ə)vwa]
tu	vois	[tyvwa]
il	voit	[ilvwa]
nous	voyons	[nuvwajɔ̃]
vous	voyez	[vuvwaje]
ils	voient	[ilvwa]

⑯ **attendre**
[atɑ̃dr]

attendant
attendu

j'	attends	[ʒatɑ̃]
tu	attends	[tyatɑ̃]
il	attend	[ilatɑ̃]
nous	attendons	[nuzatɑ̃dɔ̃]
vous	attendez	[vuzatɑ̃de]
ils	attendent	[ilzatɑ̃d]

⑰ **prendre**
[prɑ̃:dr]

prenant
pris

je	prends	[ʒ(ə)prɑ̃]
tu	prends	[typrɑ̃]
il	prend	[ilprɑ̃]
nous	prenons	[nuprənɔ̃]
vous	prenez	[vuprəne]
ils	prennent	[ilprɛn]

◇ 同型 comprendre

⑱ **mettre**
[mɛtr]

mettant
mis

je	mets	[ʒ(ə)mɛ]
tu	mets	[tymɛ]
il	met	[ilmɛ]
nous	mettons	[numɛtɔ̃]
vous	mettez	[vumɛte]
ils	mettent	[ilmɛt]

⑲ **connaître**
[kɔnɛtr]

connaissant
connu

je	connais	[ʒ(ə)kɔnɛ]
tu	connais	[tykɔnɛ]
il	connaît	[ilkɔnɛ]
nous	connaissons	[nukɔnɛsɔ̃]
vous	connaissez	[vukɔnɛse]
ils	connaissent	[ilkɔnɛs]

⑳ **écrire**
[ekriːr]

écrivant
écrit

j'	écris	[ʒekri]
tu	écris	[tyekri]
il	écrit	[ilekri]
nous	écrivons	[nuzekrivɔ̃]
vous	écrivez	[vuzekrive]
ils	écrivent	[ilzekriːv]

㉑ **dire**
[diːr]

disant
dit

je	dis	[ʒ(ə)di]
tu	dis	[tydi]
il	dit	[ildi]
nous	disons	[nudizɔ̃]
vous	dites	[vudit]
ils	disent	[ildiːz]

㉒ **lire**
[liːr]

lisant
lu

je	lis	[ʒ(ə)li]
tu	lis	[tyli]
il	lit	[illi]
nous	lisons	[nulizɔ̃]
vous	lisez	[vulize]
ils	lisent	[illiːz]

㉓ **croire**
[krwaːr]

croyant
cru

je	crois	[ʒ(ə)krwa]
tu	crois	[tykrwa]
il	croit	[ilkrwa]
nous	croyons	[nukrwajɔ̃]
vous	croyez	[vukrwaje]
ils	croient	[ilkrwa]

㉔ **boire**
[bwaːr]

buvant
bu

je	bois	[ʒ(ə)bwa]
tu	bois	[tybwa]
il	boit	[ilbwa]
nous	buvons	[nubyvɔ̃]
vous	buvez	[vubyve]
ils	boivent	[ilbwaːv]

㉕ **faire**
[fɛːr]

faisant
[f(ə)zɑ̃]

fait

je	fais	[ʒ(ə)fɛ]
tu	fais	[tyfɛ]
il	fait	[ilfɛ]
nous	faisons	[nu**f**(ə)zɔ̃]
vous	faites	[vufɛt]
ils	font	[ilfɔ̃]

Design: dice

新・フランス語文法の〈基礎〉
（二訂版）

太田 浩一
前田 保　著
渡辺 仁

2016. 3. 1　初版発行
2024. 4. 1　二訂版 6 刷発行

発行者　上 野 名 保 子

〒101-0062　東京都千代田区神田駿河台3の7
発行所　電話 03 (3291) 1676　FAX 03 (3291) 1675
株式会社　駿河台出版社

製版　ユーピー工芸／印刷・製本　三友印刷

http://www.e-surugadai.com
ISBN 978-4-411-00775-9 C1085

NUMÉRAUX（数詞）

	CARDINAUX（基数）	ORDINAUX（序数）		CARDINAUX	ORDINAUX
1	**un, une**	premier (première)	90	**quatre-vingt-dix**	quatre-vingt-dixième
2	deux	deuxième, second(e)	91	quatre-vingt-onze	quatre-vingt-onzième
3	trois	troisième	92	quatre-vingt-douze	quatre-vingt-douzième
4	quatre	quatrième	**100**	**cent**	**centième**
5	cinq	cinquième	101	cent un	cent (et) unième
6	six	sixième	102	cent deux	cent deuxième
7	sept	septième	110	cent dix	cent dixième
8	huit	huitième	120	cent vingt	cent vingtième
9	neuf	neuvième	130	cent trente	cent trentième
10	**dix**	**dixième**	140	cent quarante	cent quarantième
11	onze	onzième	150	cent cinquante	cent cinquantième
12	douze	douzième	160	cent soixante	cent soixantième
13	treize	treizième	170	cent soixante-dix	cent soixante-dixième
14	quatorze	quatorzième	180	cent quatre-vingts	cent quatre-vingtième
15	quinze	quinzième	190	cent quatre-vingt-dix	cent quatre-vingt-dixième
16	seize	seizième	**200**	**deux cents**	**deux centième**
17	dix-sept	dix-septième	201	deux cent un	deux cent unième
18	dix-huit	dix-huitième	202	deux cent deux	deux cent deuxième
19	dix-neuf	dix-neuvième	**300**	**trois cents**	**trois centième**
20	**vingt**	**vingtième**	301	trois cent un	trois cent unième
21	vingt et un	vingt et unième	302	trois cent deux	trois cent deuxième
22	vingt-deux	vingt-deuxième	**400**	**quatre cents**	**quatre centième**
23	vingt-trois	vingt-troisième	401	quatre cent un	quatre cent unième
30	**trente**	**trentième**	402	quatre cent deux	quatre cent deuxième
31	trente et un	trente et unième	**500**	**cinq cents**	**cinq centième**
32	trente-deux	trente-deuxième	501	cinq cent un	cinq cent unième
40	**quarante**	**quarantième**	502	cinq cent deux	cinq cent deuxième
41	quarante et un	quarante et unième	**600**	**six cents**	**six centième**
42	quarante-deux	quarante-deuxième	601	six cent un	six cent unième
50	**cinquante**	**cinquantième**	602	six cent deux	six cent deuxième
51	cinquante et un	cinquante et unième	**700**	**sept cents**	**sept centième**
52	cinquante-deux	cinquante-deuxième	701	sept cent un	sept cent unième
60	**soixante**	**soixantième**	702	sept cent deux	sept cent deuxième
61	soixante et un	soixante et unième	**800**	**huit cents**	**huit centième**
62	soixante-deux	soixante-deuxième	801	huit cent un	huit cent unième
70	**soixante-dix**	**soixante-dixième**	802	huit cent deux	huit cent deuxième
71	soixante et onze	soixante et onzième	**900**	**neuf cents**	**neuf centième**
72	soixante-douze	soixante-douzième	901	neuf cent un	neuf cent unième
80	**quatre-vingts**	**quatre-vingtième**	902	neuf cent deux	neuf cent deuxième
81	quatre-vingt-un	quatre-vingt-unième	**1000**	**mille**	**millième**
82	quatre-vingt-deux	quatre-vingt-deuxième			

1 000 000 | **un million** | millionième ‖ 1 000 000 000 | **un milliard** | milliardième